2020 **한정민** 시집

그렇고 그런 세상 • 그리움에 지는 꽃
흑백의 고향 영원한 내 노스텔지어 • 고맙다 동생아

이 도서의 국립중앙도서관 출판예정도서목록(CIP)은
서지정보유통지원시스템 홈페이지(http://seoji.nl.go.kr)와
국가자료종합목록 구축시스템(http://kolis-net.nl.go.kr)에서
이용하실 수 있습니다. (CIP제어번호 : CIP2020018897)

오늘의문학시인선 467

| 2020 **한정민** 시집

그렇고 그런 세상 · 그리움에 지는 꽃
흑백의 고향 영원한 내 노스텔지어 · 고맙다 동생아

전라도 촌놈

오늘의문학사

| **시인의 말** |

고마운 사람아

진도에서
파도 소리 마시며 살던
문학소년
이제 어엿한 시인 되어
네 번째 시집을 내놓습니다.
파란만장했던
삶의 흔적 모아
시를 지었습니다.
단 한 사람만이라도
내 시를 감명 깊게 읽고
시의 향기에 취한다면 좋겠습니다.
불모의 언덕에
시의 새싹을 틔워주시고
이만큼 꽃을 피우게 이끌어주신
김영수 학장님,
엄기창 원장님,
리헌석 회장님께
감사드립니다.

— 2020년 6월 한정민

서시

황혼의 독백

나 혼자입니다.
역전 마당
흔들리는 사람들 물결 속에서도
나 혼자입니다.
장미꽃은 피어도
손을 내밀지 않습니다.
비둘기 노래도
울음소리로만 들립니다.
노숙자의 그림자 속에
혼자만 남았습니다.
잠깐 스쳐온 여행이라 여겼는데
세월에 떠밀려온 황혼의 언덕에서
한 점 흔들리는 바람결에도
명치끝이 아립니다.

목차

제1부 그렇고 그런 세상

- 012 등단
- 013 꽃바구니
- 014 마음의 꽃
- 015 백세 시대
- 016 노인정 꽃밭
- 017 가족
- 018 홀아비
- 019 혼밥이 싫어
- 020 어버이날
- 021 어린이날
- 022 설날 아침에
- 023 내일
- 024 행복
- 025 장미꽃
- 026 봄의 찬가
- 027 막걸리
- 028 사월 초파일
- 029 지옥
- 030 차밭
- 031 도시락 배달
- 032 자원봉사
- 033 파크골프
- 034 홀인원
- 035 손님

036   양성산 약수

제2부 그리움에 지는 꽃

038   라일락 꽃
039   목련꽃 피는 봄날에
040   가시 꽃
041   이루지 못한 사랑
042   마음의 빛
043   찰나의 꽃 한 송이
044   아름다운 꽃
045   만남
046   진주반지
047   나팔꽃 당신
048   외기러기
049   친구
050   외기러기 사랑
051   지워지지 않는 사람
052   사랑
053   흑백사진
054   천사의 집
055   성당
056   마을버스

제3부 흑백의 고향 영원한 내 노스텔지어

- 058 고향
- 059 진도
- 060 고향내음
- 061 진도아리랑
- 062 노란 리본
- 063 유모차
- 064 참사랑
- 065 노년의 외출
- 066 晩秋 (만추)
- 067 세배
- 068 며느리
- 069 비행기
- 070 손녀
- 071 아들
- 072 신탄진 촌놈
- 073 중학교 입학식
- 074 장학금
- 075 아들 고맙다
- 076 보석
- 077 큰딸
- 078 코코
- 079 보약
- 080 봄길
- 081 전화

082　검정고무신
083　첫 걸음마
084　무임승차
085　전라도 촌놈
087　노숙자
088　부부
089　손잡고 걷고 싶다
090　우렁각시

제4부 고맙다 동생아

092　오두막
093　고향집
094　절구통
095　동생
096　아픈 손가락
097　도추바
098　달팽이
099　아내의 망초 꽃
100　첫눈
101　당신 가신 날
102　담쟁이
103　빈 둥지
104　명당
105　형님

106 아버지
107 헌 고무신
108 간병일기
109 내 집으로
110 죽음
111 어머니
112 어머니 그림자
113 봄꽃
114 아픈 친구

한정민 시집 해설

118 파란만장 治癒의 노래

제1부
그렇고 그런 세상

등단

어린 시절
소에게 풀을 먹이며
시를 썼는데

일흔 살에
문단에 올라

시와 더불어
늘 좋은 생각을 하니

웃음꽃 피고
마음 젊어진다.

꽃바구니

텅 빈 방안에
등단 축하 꽃다발

오래
비어있던 허전한 마음
채워주는 꽃향기

어둡던
인생의 터널 벗어나
별빛 가득한 하루

문학사랑 신인상
세상에 씨 뿌린
새 길의 답장이려니

버겁게 열린
꿈의 문턱에서
묵묵히 제빛 발하는

아주 작은
별빛이려니.

마음의 꽃

문단에
얼굴 내밀었으니

시의 꽃밭 일구어
행복의 술에 취해

영원한
푸르름 속에

마음의 꽃

아롱다롱
피워 올리렵니다.

백세 시대

점심시간
천사의 집 앞에

가슴 부여잡고
맥없이 눈동자만 굴리는
노인들

저처럼 대책 없이
늙어지면 어찌하나

얼굴에 드리운
어두운 그림자를 지우고

백세의 행복을
마음 깊이 그려본다.

노인정 꽃밭

노인정
뜨락에 개나리꽃
곱게 피었네.

주름진 얼굴
활짝 펴라 일군 꽃밭

노인들
봄바람 휘어잡고
꽃 내음에 춤춘다.

가족

소박하게 부여잡고
고통의 강 함께 건너와

잔잔한 웃음으로
버거워도 걸어갈 만하다

헐거운 육신
좁아지는 가슴 부여잡고

그들 앞에서
당당히 걸어간다.

가족의 행복
반쯤 눈 감은
속 깊은 웃음이다.

홀아비

깊은
세월의 정원에
둘이 피었다
혼자 남은 꽃
윤기 잃은 바람으로 나부끼다
홀아비 바람으로
외롭게 내려앉네.

혼밥이 싫어

김밥으로
아침을 열었습니다.

동태찌개
막걸리 한 사발로
점심을 때우고

어스름 저녁
식당 문을 밀치고
공복보다
사람이 그립습니다.

습관처럼 울리지 않는 휴대폰
누구라도 부르고 싶습니다.
아무라도 부르고 싶습니다.

저녁까지
세끼 혼밥이 싫어
더운 밥 마주하고

하루를
포만하게 보내고 싶습니다.

어버이날

독거노인에게
갈비탕 한 그릇 대접했다

틀니가 맞지 않아
갈비를 뜯지 못하고
국물에 밥만 말아 드셨다

노인이 건네 준
갈비를 뜯으며
그분에게 정말로 미안했지만

갈비 한 대의 행복이
모닥불처럼 타올랐다.

어린이날

점심때가 기우는데
전화기 위에 쌓인 적막

손주들 마주하고
맛난 밥 먹고 싶은데

수화기에 정적만
들었다가 놓았다가

헛헛한 황혼 길에
나 아닌 나를 본다.

설날 아침에

새해는
저마다의 가슴으로 온다.

칼바람 몰아치는
세월 속에
부서질 듯 떠다니는 조각배

버거운 삶
움켜쥐고 견디다 보면
환하게 웃는 날 오겠지

아름답게 피어날 꽃을 그리며
서릿발 날 세운 추위 앞에
허리를 곧게 편다.

내일

어둠의 대궁 위에
아침의 꽃이 피듯

내일은
밝은 햇살로 오겠지.

시여!
불행을 쓸어내는
신의 날개여!

여명을 깨워내는
우렁찬 종소리로

햇살 고운 아침
창문 열어젖히고
두 팔을 힘껏 펼친다.

행복

세상은 나를 보고
젊어지라 하고

그런
세상에게 나는
웃으라 하고

그 세상 끝에
장미꽃은 피고 지고

장미꽃

그렇고
그런 세상
늘 웃고 사니
장미꽃이 핀다.

봄의 찬가

겨울 그늘에서
침묵의 시간을 보낸
꽃들에게

봄은 화사한 볕을
뿌려준다.

아직 날선 바람소리
수줍은 대궁에 스쳐도

그리운 사람 은밀하게
내게 오듯

새싹이 소곤대며
그렇게
속살 빠끔히 내밀 거다.

막걸리

신탄진
장날 국밥집
막걸리 한 사발

설움도 한 사발
기쁨도 한 사발

넘어지고
깨어지며
버거운 고갤 넘어온 아픔

막걸리 한 사발에
다 녹는다.

사월 초파일

세상 때 씻어내려
목욕을 하듯이

마음의 욕심 털어내려고
절에 간다.

법당에서
스님의 목탁소리 맞으며
삼배를 올리고

산을 내려올 땐
씻긴 육신이 가볍다.

지옥

하늘에선
고엽제가 쏟아지고

땅에서는
베트콩의 총신이 겨눠지고

눈을 감으면
내일 뜨는 해를
볼 수 있을지 몰라
잠을 잘 수가 없다.

고국이 천국이라면
여기는 지옥이다.

고국 사람들아
천국은 지킬 수 있을 때
지켜야 한다.

지옥이 되고 나면
후회할 틈도 없다.

차밭

연초록 잎 오선지에
음표처럼 고갤 든다.

넓은 바다 초록물결
향기롭게 출렁이고

사월의
물오른 찻잎
마음 가득 담는다.

도시락 배달

금요일이면
복지관에 가서
따스한 밥을 배달한다.

거동이 힘든
독거노인들이
학처럼 목을 길게 빼고 기다리다가

문 밖에서
정성을 받아들고
고마움의 인사를 주고받는다.

비가 오나
눈이 오나
도시락 배달을 멈출 수 없다.

나를 반겨 맞는
그 분들의 눈빛이 밟혀

자원봉사

따뜻한 마음 끓여
밥 한 상 차려들고

외로운 할배
아픈 할매
어려운 이웃 찾아 나선다.

이 밥 한 끼
가볍다 하지 마라

한 끼 밥은
위안의 눈물이요
허기진 행복이니

바깥바람 스산해도
마음 한 끼 나눠드리고

돌아오는 봄 길이
참으로 화사하다.

파크골프

파크골프는
나를 보고
젊어지라 하고

나는
골프공 보고
홀인원 하라 하고

티격태격 아우성에
필드 한 구석엔
민들레 노랗게 피고

홀인원

주말이면
을미기 파크골프장에 간다.

운 좋아
홀인원 하면
호주머니 몽땅 턴다.

호주머니 가벼워도 좋다
짜릿한 홀인원만 할까

홀인원은
골프의 꽃.

손님

감나무 꼭대기
호들갑스런 까치 소리

모두 떠나보낸 빈자리
촘촘히 채워가고

여명 털어가며
그리운 사람 오시려나.

가지 끝이
아스라이 떨리고 있다.

양성산 약수

새벽
약수 한 사발로
하루가 열린다.

약수엔
산의 음성이 들어있다.

마음이 허하고
답답할 때

양성산
싱싱한 목소리
한 사발 들이키면

온 몸에 파릇파릇
새순이 돋는다.

제2부
그리움에 지는 꽃

라일락 꽃

바람같이
스쳐지나가는
인연인 줄 모르고 좋아했다

모닥불처럼
타오르다가
꺼져버린 사랑

태풍으로
가슴 설레게 해놓고
떠나간 사람

라일락꽃
향기만 가슴에 남아
그리움을 지울 수 없네.

목련꽃 피는 봄날에

목련꽃 피는 봄날
간이역에 내렸다

오가는 인파 속에
그대는 아니 오고
온종일 비만 내리네.

봄비는 내리고
가슴까지 젖어드는
긴 기다림의 공허

바람아
나 떠나거든
목련꽃 밟으며

그리움의
빗속으로 떠났다고
나직이 전해주오.

가시 꽃

운명의 덫 때문에
사랑하면서도 떠나가는
사람

다시 만날 수 없는
인연 앞에

그 꽃
가슴에 끌어안고
아파하는 건

내 사랑
붉은 정념이어라.

이루지 못한 사랑

소쩍새 울음 울던
열다섯 시절
이웃집 여고생을 짝사랑했다.

좋아한다.
말 한마디 못하고
가슴앓이 하다가

반백이 넘도록
내 마음 거울 속에 그리기만 했던
사랑

칠순에
둘 다 홀로 되었어도
이룰 수 없어

나 홀로
덩그러니 추억을 지우는
연습만 하고 있다.

마음의 빚

생각할수록
무지갯빛으로 다가서는
여인

이제
내 곁에서 떠나버린
그래도 보고픈 사람

보낼 수 없다고
매달려나 볼 것을

아직도
내 가슴 멍으로
아픈 상처가 남아있다.

떠나게 한 마음의 빚
어떻게 갚아야 할까

찰나의 꽃 한 송이

바람에 스치는
여린 꽃잎

내 가슴에 잠시 피었다
그리 쉽게 시드시나요.

항시 윤기 흐르는 꽃으로
피어 있을 수는 없나요

작은 여운으로 사위어가는
찰나의 꽃 한 송이

지워질 수 없는
아련한 그 향기

아름다운 꽃

이따금
먹거리 챙겨들고

수줍은
눈빛으로 다가오던
여인

몸이 무거운 날에는
더 애타게 기다려진다.

오늘은
왜 아니 올까.

내 가슴에
청초하게 피어나
지지 않는 채송화여!

만남

재혼이라는 말 앞에서
재물만
탐하는 세상

만나 정 들면
무엇이 아까우리.

허한 말로는
믿을 수 없다하네.

그 누가 함께 하려나
내 작은 지붕 아래

바라만 보아도
눈물 나는 그런 애틋한
사랑의 꽃 피우고 싶어라.

진주반지

그대 손가락에
꽃 한 송이

내 가슴속
곱게 핀 사랑의 징표

홀로 걸어온
긴 세월 처음으로
피워 올린 꽃

따스한
봄 햇살처럼

청초한 꽃 한 송이
영롱하게 반짝인다.

나팔꽃 당신

창 열라고
내 방으로 기어오르던
나팔꽃처럼

내 삶으로 들어와
무시로 피던 꽃

운명의 덫에
그 꽃은 보이지 않고

마음이
다 타들어 갈 때까지
다시는 피어나지 않는 꽃

무지갯빛
그리운 그대

외기러기

오랜 세월
내 사랑 이룰 수 없어

이 너른 세상
외기러기로 살아갑니다.

고독 때문에 유기된 채
사랑이란 두 글자를 찾지 못해

빈 마음 안고
세월 따라 날아갑니다.

친구

외기러기로
버거운 삶의 하늘 날고 있을 때
사랑으로 다가와

단출한
웃음으로 함께 하는
고마운 친구

생명의
불꽃 사위는 날까지
곁을 지키겠다는

내 곁에
그대가 숨 쉬고 있기에
나의 황혼은 어둡지 않다.

외기러기 사랑

노년에
외기러기로 날다

세상의
어둠 모두 지우고
보랏빛 사랑을 꿈꾼다.

그대 향한 마음
자분자분
솔바람으로 다독이는

그런
수줍은 사랑
언제쯤 이루어질 런지요.

떨리는 미소로
다가올 그대의 숨결 같은
사랑

지워지지 않는 사람

거울 속에
추억으로 자리한
그대

지우려
지워버리려 애를 써도
지울 수가 없네.

돌아앉아
홀로 애끓는 그리움
지우려 해도

세월의
지우개로는
지워지지 않는 사람

사랑

황혼에
사랑하니
뜨거운 피가
나비되어 난다.

흑백사진

누렇게
바래버린 사진 한 장

그 속에
웃고 있는 사람

오랜 세월 흘렀는데도
어제 같은 그 얼굴

만져보고 싶다
꺼내보고 싶다

그런 눈물 흘려보았는가
끝도 없는 그리움의 눈물

그대여 참말로
보고 싶다

천사의 집

하느님 선물들이
꽃처럼 모여 사는 집

뜨락에
어린 천사들의
고운 눈망울

수녀님과 손잡고 걷는
수채화 속에

예쁜 얼굴
찬란한 웃음이 있고
사랑스런 어깨동무가 있다

돌아오는 언덕길은
온통 안개바다다.

성당

주님 품에 안기려
성당에 갔다

아는 사람 마주하니
당황스런 속마음

바깥세상은
화려하게 풍성한데

십자가 아래
머리 조아리고
무거운 짐 내려놓았더니

돌아오는
발걸음이 가벼웠다.

마을버스

마을버스
비좁은 의자에
노인들 수런수런

살아온 만큼의 짐 보따리
성치 않은 사연들
나눠 마시며
집으로 간다.

달려온 날들보다
남은 날들이
자꾸만 줄어드는데

어둠이 살짝 내려 낯설어진
낯익은 길을 달리며

낮에 마신 막걸리 한잔에
살아 오른 홍타령에
어깨를 출렁거린다.

제3부
흑백의 고향
영원한 내 노스텔지어

고향

정에
허기질 때마다
못 견디게 안기고 싶은

울
어머니
따스운 품속 같은.

진도

통통배 타고
고향 떠난 반세기

칠순 넘도록
그리움을 묻고 살아온
내 고향

해남에서 진도를 이어주는
연육교가 세워졌지만

그리움의 두께는
산만큼 두꺼워졌다.

머리 위에 담뿍
내려앉은 하얀 눈

울돌목 거센 파도는
아직도 청춘이다.

고향내음

파도를 벗 삼아
바닷가에서 뛰놀던
문학소년

고향 떠나
60년 늙고 병들어
혼자 고향에 갈 수 없어

코스모스
하늘거리는 시골길로
아들과 함께 바닷가에 갔다.

파도 위 갈매기 날고
짭조름하고
비릿한 것

그것이
고향내음이다

진도아리랑

고향 장터에
마을버스 문이 열린다.

늘어진 좌판엔
노인들 산나물 향기롭고

조올던 수탉
볏을 세워 노래한다.

아리랑 스리랑
아리리가 났네.

노란 리본

맹골 수도에
수학여행 가는
꿈 많은 학생들 웃음소리

세월호는
수많은 크고 작은 꽃을 품고
바다 깊이 잠겼습니다.

잠수사들이
떨어진 꽃을 구하려고
애를 썼지만

아이의 눈물도
어머니의 눈물도
모두 가라앉아 버렸습니다.

거대한 바다의 침묵 속에
노란 리본만
바람에 나부끼고 있습니다.

유모차

옛날 노인들
홀로 집 나설 땐
지팡이 챙겼고

요즘 노인들은
유모차 밀고 집을 나선다.

유모차 밀고 가는
할머니 뒷모습에

언뜻언뜻
황혼 녘
내 그림자가 비친다.

참사랑

노을 녘
가슴 뛰는 참사랑
움이 트니

마음의 갈피마다
뜨거운 피 흐르고

장미꽃
고운 사랑으로
나비가 되어 날아옵니다.

노년의 외출

따스한 봄날
동물원에 갔다

보물 같은
내 손주들 뛰노는 모습에

웃음 쏟아지고
행복이 눈부시다.

두 손 가득 장난감 쥐어주고
놀이기구 타며 한 몸이 되었다

화려한
노년의 외출

손주들 웃음소리에 쓸려가는
내 삶의 검은 구름들

晩秋
<small>만 추</small>

화려하던 시절
모두 낙엽으로 내려놓고

매미 울음소리만
끌어안은 감나무 꼭대기

홍시만 혼자
가을바람에 쓸리고 깎여

오래된 내 사랑
빨갛게 익어가네.

세배

봄볕처럼
다가오는 어린 천사

다소곳이 모은 두 손에
아지랑이 일렁이네.

주고받는 덕담에
웃음꽃 피고

잡아주는 손길
모닥불이네.

며느리

저녁 밥상
우리 며느리 푸짐한
깍두기

마음 깊이 스미는
그 손맛

시장반찬은
짜고 맵고 차갑지만

혀에 감기듯
척척 달라붙는

따뜻하면서도
살가운
며느리 마음

비행기

며느리 어깨엔
주렁주렁 딸만 넷

아들을 낳으면
시부모 귀염을 받았지만

지금은
딸을 낳아야
비행기를 탄다고 한다.

며느리는
비행기 탈 날이 많겠다.

손녀

이따금
손녀들이 보고파
아들집에 가면

꽃처럼
예쁜 손녀 넷
웃음꽃 피우지만

한번
꼭 안아볼 수도 없고
예쁘다고 뽀뽀도 할 수 없다.

뽀뽀를 하면
"할아버지 변태" 하고
손녀들이 놀려서
가슴이 내려앉는다.

나는
네 살 때부터
초등학교 입학할 때까지

할머니
품에 안겨 잠을 잤고
뽀뽀도 했는데

아들

파란 하늘이
뭉게구름 안 듯

딸 넷
가슴에 품고

싱글벙글
늘 웃고 산다.

신탄진 촌놈

신탄진 촌놈
대전 시민 되던 날

손님,
어디로 모실까요?

대전 갑시다.

신탄진도
대전시입니다.

택시기사 미소에
웃음꽃 피어납니다.

* 1989.1.1. 대전시로 편입

중학교 입학식

신탄진
중학교 입학식 날

아들은
교장 선생님 앞에서
입학식 선서를 하고 있었다.

신입생
반 배치고사에서
1등을 했다

공무원으로
여러 곳을 옮겨 다니며
학습에 도움을 주지 못했거늘

오늘 이 기쁨
아들아 고맙다.

장학금

개천에서
용이 태어났다.

아들은
신탄진중학교
보문고등학교를 졸업했다

고3 담임선생님은
서울대 교육학과를 바랬으나
고려대 법대를 지원

우수한 성적으로
방일영 장학금을
학기당 350만원씩 받았다.

4년을
자취생활로
내 삶에 많은 도움을 주었다

아들아
고맙다

* 방일영 장학금은 조선일보에서 서울대, 연·고대 우수생들에게 학자금과 생활비를 지원하는 제도.

아들 고맙다

고희를 넘으니
혼자 고생 말고
늘 함께 살자고 한다.

외기러기로
15년 이곳이 좋아 살고 있다

보훈병원이
가까운 곳에 있어
진료 받으러 오가기도 편하고

회관에 가면
또래 노인들하고
웃음꽃 피울 수 있어 좋다

아들아
혼자 걸을 수 있을 때까지
여기서 살고 싶다.

보석

주말은
애들하고 함께 하고 싶다.

고희를 넘어
혼자 사니
사람이 그립다.

아들딸하고
밥이라도 먹고 싶은데
전화가 없다

외로울 때는
애들은 내 마음 속
보석이다.

큰딸

엄마 잃고
피를 쏟아낼 때

가끔
입에 맞는 반찬을
챙겨주고

밤엔
사위와 집에 와서
외로움을 달래주었다

따스한
봄 햇살처럼
동생들을 보살피니

눈물 찍어내어
난 너를 사랑한다.

코코

초인종을 누르면
코코가 현관에 나와
외손자보다 먼저 반긴다.

거실에 들어가면
낑낑거리며 내 품에 안겨서
뽀뽀도 하고

딸이 밥상을 차려오면
고기 한 점 얻어먹으려고
내 얼굴만 바라본다.

안마를 할 땐
코코도 허벅지에 앉아
졸다가 잠이 든다.

홀아비
외로움을 달래주는
유일한 친구

* 코코는 딸이 키우는 개 이름

보약

외손주가
남자아이라서 좋다.

딸집에 가면
아홉 살
손주를 꼭 껴안고
뽀뽀도 할 수 있고

몸이 아파서
병원에 오갈 때마다
가끔 안부전화도 한다.

이따금
마음이 허할 때마다
수민이 전화

몸도 마음도
기쁘게 해주는 한 첩의 보약이다.

봄길

갑천 둑길에 봄은
참 곱게도 피었다.

꽃향기에
나비 그윽하게 나리고

햇살 눈부신데

차디찬 이 가슴에
저리 그윽한 봄

다시
피어나려나.

바람 끝 붙잡은
허허로운 가슴은

사람이 그립다.
내가 그립다.

전화

밤늦게
외손자 전화가 왔다.

할아버지
내일 엄마가
점심 잡수러 오시래요

응
수민아
고맙다

또 전화가 왔다.
외할아버지 잊지 말고
꼭 오세요.

귀염둥이
아홉 살 수민이가
어제 봤는데 또 보고 싶다.

검정고무신

부잣집
아이들은 책가방을 들고
운동화를 신고

나는
책보를 메고 검정고무신 신고
중학교에 다녔다.

동네에서
읍내 학교까지는
시오리길

눈보라 치는 날이면
눈에 젖어 시린
발이 부르트도록 산길을 뛰었다

그 길이
꿈 찾아 서울로 줄행랑 친
내 깨달음의 시작이었다.

첫 걸음마

열 다섯살에
송아지 판 돈 몰래 가지고
서울로 가출

깡패들에게
가진 것 몽땅 빼앗기고
여인숙에서 호객을 했다.

손님
한 사람 모셔오면
저녁밥 주고

두 사람 모셔오면
잠 재워주고

세 사람 모셔와야
아침밥을 주었다.

매운 인생의
첫 걸음마였다.

무임승차

어린 시절
가출 1년의 삶은
고추 맛

무임승차로
고향 가는 기차를 탔다

차장이 검표할 때
의자 밑으로 숨어들면

아주머니가
치맛자락으로 숨겨주었다.

세상은 차가와도
치맛자락엔
따스한 온기가 넘쳤다.

전라도 촌놈

책가방 팽개치고
서울로 가출
전라도 촌놈이라고

직장을 구하려고 해도
보증 서줄 사람이 없어
여인숙에서 호객을 하며 구두닦이를 했다.

뒤늦게
중국집 접시닦이로 취직하여
일 년간 일했건만
품삯은 한 푼도 주지 않고

올 데 갈 데 없는 놈
밥 먹여주는 것도 감사해하라고
호통만 쳤다.

심술이 나서
손님 신발 열다섯 켤레를
똥통에 집어넣고
식당을 뛰쳐나왔다.

눈물 마시며 자란
전라도 촌놈
전라도를 빛내는 시인이 되었다.

삶의 태반을 타향에서 지냈지만
내 시 속에
황토 향기가 풍기는 건

내 피가
전라도 사랑을 담은
황토빛깔이기 때문이다.

노숙자

서울역 지하도
콘크리트 바닥에
먹다 남은 소주병 옆에 두고

신문지 깔고 덮고
꿈길 헤매는 노숙자

김밥 한 줄로
허기진 배를 채우고 방황하던
내 그림자 겹친다.

짠한 마음으로
지폐 몇 장 던져 놓고

어둠이 물러가지 않는
깊은 지하도를
터벅터벅 걸어 나왔다.

부부

새벽잠에서 깨어
도란거릴 수 있는

지쳐 쓰러질 때
따뜻한 손 내밀어주는

금방 보고 돌아서도
또 보고 싶은

그런 가슴 저린
부부이고 싶다.

손잡고 걷고 싶다

지친 별 아래
나 홀로 걷고 있다.

오솔길 재잘대는
두 마리 작은 새처럼

생명의 불꽃
꺼지는 날까지

누군가와
도란도란 이야기하며

세상 끝을 향하여
손잡고 걷고 싶다.

우렁각시

몸이 아플 땐
아내가 차려주던
따뜻한 죽 한 그릇이 그립다.

고희를 넘어
홀로 사는 외로움에
집안일도 힘겹고

병원 갈 때마다
허전한 품속으로 스미는
차가운 바람

어젯밤엔
우렁각시처럼
김이 모락모락 피어오르는
밥상을 차려 놓고 갔다.

아침에
눈을 뜨니
아! 꿈이었구나.

제4부
고맙다 동생아

오두막

그믐 같던 내 삶을
파도에 띄우고

만선의 기쁨 안고
돌아온 오두막집

토방의
귀뚜라미가
기다린 듯 반긴다.

고향집

문틈을
비집고 들어오는 찬바람

밥상엔
먹다 남은 된장찌개

어머니 살아계실 땐
반찬이 풍성했는데

잡초만 무성한
고향집엔
속 아린 동생 그림자

그리움으로 왔다가
아픔만 안고 돌아가네

절구통

첫닭 울면
잠 깨어나 평생 일만 하시다가

이승 떠나신
어머님 얼굴

부엌문 밀치고 나와
보리방아 찧던
저 주름살

울 어머니
곱던 얼굴에 늘어난
삶의 훈장

발길 끊겨
잡초만 무성한 고향집

마당 귀퉁이
주인 잃고 나뒹구는 절구통

동생

고향에 홀로 사는
지적 장애 내 동생

마음 가득 담아
맛있는 반찬 사다주니

밥을 먹으며
눈물 먹으며 자꾸만 울어

명치끝이 아려온다.

아픈 손가락

고향엔
장가도 못간 환갑을 넘긴
지적장애 동생이 살고 있다.

내 가슴에는
그의 모습이 옹이로 박혀있다.

마음은
늘 곁에 있지만
고향에 한 번 가기가 왜 그리 어려운가.

고맙다
살아 있어줘서

동생은 내 삶의
아픈 손가락이다.

도추바

나는
왜 못난 모습으로
이 세상에 태어났을까

뒷통수가
도끼처럼 생겼다고
어릴 때 놀림을 받았는데

진도를 떠나
인생의 끝자락에
문단에 얼굴 내밀고

『먼 훗날』
『진도 육자배기』
『한정민 병상일기』
『전라도 촌놈』 시집을 냈다.

도추바가
향토를 빛내는
전라도 시인이 되었다.

* 도추바: '도끼'라는 뜻의 진도 사투리

달팽이

한 둥지
암 수컷 한 솥엣 밥 먹고

평생을
구겨진 몸뚱이로

한 세월
깊은 인연 안고
저승으로 간다.

삶과
죽음을 함께 누리는
달팽이는 알고 있을까?

산허리에
주저앉아 홀로 그리는
내 반쪽 사랑.

아내의 망초 꽃

노을 속에
당신을 묻고
가슴 시릴 때마다

당신이 해 주던
보리밥 맛 잊을 수 없어
보문산 보리밥집을 찾습니다.

나 홀로 덩그러니
싱싱한 채소와 나물로
쓱쓱 비벼 먹습니다.

후식으로
부침개 한 접시
막걸리 한 사발

"여보 잔 받으시오
내 술 한 잔 받으시오"

당신의
빈자리에
망초 꽃이 피어납니다.

첫눈

창 밖에
첫눈이 내린다.

하얀 나비 날아오르다
창문에 부딪혀 녹아내린다.

이승에서 못다 한 사랑
눈꽃으로 피어나
당신의 눈물 나비가 되었나 보다.

창문 열고
손 내민다.

바람으로 사르셨나.
손에 잡히지 않는
내 마음 속 하얀 나비

당신 가신 날

오늘이 바로
당신이 내 곁을 떠난
그날입니다.

영정 앞에
향을 피우고
밥 한 그릇 올립니다.

문 밖 세상은
억수 눈이 내리고
칼바람 붑니다.

며느리가
제상에 올린 음식
맛있게 드시고

얼굴도 모르는
예쁜 손주들
큰 절 한번 받아보시오

담쟁이

당신 혼자
그 먼 길 떠나보내고
십 년 세월

고독한 바람으로 구르다
홀로 별을 헤는
하얀 그리움

아직도
당신 그리워
담쟁이 넝쿨처럼
벽을 타고

후득후득
마른 잎 떨구며
속울음으로 살아갑니다.

빈 둥지

내 나이
일흔 일곱 살

아내가
이승 떠나간 지
십오 년

겨울처럼 삭막한
아빠 옆에서 자란 아들 딸
새 둥지 틀어 나가고

빈 둥지에서
당신의 그림자를
지우고 또 지우면서 살아갑니다.

가슴 따뜻한 그 사람
만나고 싶습니다.

명당

선산이 없는
우리 조상들은

이 산
저 산 십리길 돌고 돌아
먼 산에 묘를 썼다.

숲이 우거져
성묘 가는 길도 막혔다.

요즘 사람들은
집 근처 텃밭에
묘를 쓴다.

집 가까운 곳이
명당이다.

형님

형님은
환갑도 넘기지 못하고
아버지 무덤 옆에
새 둥지 틀어 깊은 잠을 자고 있다.

술에 빠져
술만 먹고 살다가 간경화로
산으로 올라간 형님

사립문 밀치고
마당에 들어설 때마다
환하게 웃음으로 맞아주던
그리운 얼굴

내 가슴에
그림자만 남긴 채
훌쩍 떠나버리고 말았다.

아버지

섬마을에
저녁노을이 짙게 내린다.

아버지
송아지 판 돈 훔쳐
고향 등진
못난 청춘 그림자

오랜 세월
웃음과 눈물이 교차하는 세상에서
꿈꾸는 시인으로
아버지 묘소에 왔다.

눈물로 잔 채워놓고
허방허방 발 놓는데

영락없이
아버지 노을
이불처럼 나를 덮어주었다.

헌 고무신

한밤중 혼절하신
아흔 네 살 울 어머니

다 닳아버린
헌 고무신 가슴에 안고
응급실로 뛰었습니다.

설암(舌癌) 말기로
시들어가는 찔레꽃

살아온 세월보다
가벼워진
육신을 끌어안고

캄캄한 세상을
대낮처럼 사신 어머니께
촛불 하나 환히 밝힙니다.

간병일기

설암 말기
병원 치료비로 울먹이던
울 어머니

응급실 간호사가
혈압 맥박이 정상이 아니라고
가슴에 덜컥 내려앉았습니다.

첫째 먼저 하늘로 보내고
말썽꾸러기 둘째가 옆에 있으니
마음 놓으소서

어머니
꼭 일어나 웃으며
우리 집으로 갑시다.

내 집으로

어머니 병실에는
고통의 조각들 널브러지고

혈압도 맥박도
부산떨고

알 수 없는 기도와
알 수 없는 주문으로
울 어머니 붙잡고

제발 웃으면서 돌아가자
내 집으로

죽음

어머니는
설암 말기시다.

한평생 자식을 위해
일만 하신 어머니

수술을 해도
백일을 넘길 수 없다니

하늘이 무너져 내리고
눈앞이 캄캄하다.

어머니

비바람 서성대고
천둥 번개 울던 날

자식들 위해
평생 동동거리시다

하얗게
하얗게
곱던 찔레꽃처럼
떠나가신 어머니

엄마 엄마 울엄마
끝도 없는 세월 이고

이울던 모습마저
어찌 그리 고우셨을까?

화장하면
두 번 죽는다고 마다하시어
아버지 무덤 옆에 새둥지 트셨다.

어머니 그림자

기차타고
뱃길로 두 시간
진도에 도착

못난 자식 놈
소주 한 병 사들고
지방 뫼 넘으니

담벽 너머
고개 내민 해바라기
달빛에 기웃대고

침침한
창문에 비친
설암 말기에 세상 뜨신

어머니 그림자
눈물을 적신다.

* 지방 뫼: 고향마을 산고개 이름

봄꽃

눈물 훔치던 뒷산에
어머니의 기억을 묻어놓고

한시름
계절 끝에서
또 어머니의 얼굴에
가슴 벅찬 눈을 털어냅니다.

술 한 잔에 목 놓아
어머니를 부르다가

한겨울 산바람에
곱던 얼굴 시릴까
뭉쿨뭉쿨 명치끝이 아려서

서둘러
내 마음에
봄꽃을 심습니다.

아픈 친구

고혈압
그 친구는 십칠 년 동안
말썽 한번 부리지 않았다

나도 협심증으로
의사 처방대로 약을 복용하니
가슴통증이 사라졌다.

전립선 비대증이란 놈은
소변보기가 불편하다고 하더니
팬티에 오줌까지 지린다.

무릎관절염은
칠년을 통증으로 고생을 했는데
요즘 연골주사를 맞더니
얼굴에 웃음꽃 핀다.

암이란 놈도
오년을 고생 속에 살았거늘
어느 날 갑자기 내 곁을 떠나갔다.

부정맥하고
친구를 했더니

치매란 놈을 데리고 함께 왔다

둘 다
성격이 고약한 놈들이라
덜컥 겁이 난다

왜 수많은
병들이 바꾸어가며
친구하자고 손을 내미는지 모르겠다.

친구들하고 어울려
가끔 미소 짓지만
웃음 속에는 늘 찬바람이 난다.

한정민 시집 해설

‖ 한정민 시집 해설 ‖

파란만장 治癒(치유)의 노래

엄기창 시인

1. 시의 효용效用

시인은 왜 시를 쓰는가. 시에는 어떤 效用(효용)이 있기에 독자들은 끊임없이 시를 읽고 있는가.
루이스는 "시란 무엇보다도 즐기는 것"이라 말한 바 있다. 이는 시의 效用(효용)을 문학의 원초적인 쾌락설에 바탕을 둔 것으로, 예술 활동의 정화작용(카타르시스)과도 일치하는 것이다. 즉, 시인은 한 편의 좋은 시를 창작함으로써 즐거움을 갖게 되며, 독자는 좋은 시를 읽음으로써 새로운 세계를 경험하고, 새로운 감동을 맛볼 수 있다는 것이다. 시가 인간의 삶에 있어서 직접적이고 물질적인 도움을 줄 수는 없지만, 간접적이고 정신적인 풍요로움을 주는 것만은 부인할 수 없다. 시는 '재미'와 '감동'을 통해 사람들에게 즐거움을 제공하고, 아픔과 고통으로부터 벗어날 수 있는 힘을 주는 것이다.

한정민 시인에게 있어서 시란 노년의 아픔과 외로움을 治癒(치유)해주는 친구 같이 소중한 존재다. 아내와 사별하고, 아들과 두 딸 모두 집 틀어 나가고, 자신도 방광암으로 고통을 겪으면서 황혼의 외로움에 몸부림치고 있었다. 그는 '서시'에서,

"나 혼자입니다./ 역전 마당/ 흔들리는 사람들 물결 속에서도/ 나 혼자입니다./ 장미꽃은 피어도/ 손을 내밀지 않습니다./ 비둘기 노래도/ 울음소리로만 들립니다./ 노숙자의 그림자 속에/ 혼자만 남았습니다./ 잠깐 스쳐온 여행이라 여겼는데/ 세월에 떠밀려온 황혼의 언덕에서/ 한 점 흔들리는 바람결에도/ 명치끝이 아립니다."라고 노년의 외로움을 노래했다. 이런 상황에서 시만이 그의 친구였고, 애인이었고, 그를 웃게 해주는 유일한 존재였다.

2. 한정민 시인의 삶의 발자취

내가 한정민 시인을 처음 만난 것은 2014년 9월 어느 날이었다. 40년 가까이 봉직하던 교직에서 물러나와 달콤한 휴식을 취하고 있던 내게 '대전문예창작연구회'에서 시를 같이 공부해보자는 연락이 왔다. 첫날 거기에서 만난 사람 중 가장 깊은 인상을 받았던 사람이 한정민 시인이었다. 나보다 일곱 살 연상으로 칠십이 넘어 늦게 문학

에 입문한 한정민 시인은 자신의 삶을 모두 태워 시에 몰두하는 열정적인 시인이었다. 2014년 1월 《문학사랑》 신인상으로 등단하여 이미 그 해 4월 『먼 훗날』이라는 시집을 발간하였고, 이어서 2015년 대중적 서정시의 매력이 넘치는 『진도 육자배기』, 2016년에 아내의 간병과 자신의 방광암 투병의 절실한 서정을 모아 『한정민 병상일기』를 상재하였다.

  그의 삶은 오로지 시에 몰입되어 있었다. 마음에 드는 시 한 편 쓰면 무엇보다 즐거워하고, 시가 써지지 않으면 불안해했다. 내가 본 어떤 시인보다 그는 가장 시인다운 생활 태도를 보여주고 있었다.

  1944년 4월 25일 진도에서 탄생한 한정민 시인의 어린 시절은 그리 풍족하고 만족할 만큼 행복한 삶은 아니었던 듯싶다.

    부잣집
    아이들은 책가방을 들고
    운동화를 신고

    나는
    책보를 메고 검정고무신 신고
    중학교에 다녔다.

    동네에서
    읍내 학교까지는
    시오리길

눈보라 치는 날이면
눈에 젖어 시린
발이 부르트도록 산길을 뛰었다

그 길이
꿈 찾아 서울로 줄행랑 친
내 깨달음의 시작이었다.

- 「검정고무신」 전문

    한정민의 시는 상황이나 시적 대상을 소박한 시어로 묘사하여 감성에 호소하는 장점을 지니고 있다. 그의 고향 집은 화장실에 가면 바닷게들이 떼 지어 돌아다닐 만큼 바다와 가까웠다. 그의 어린 시절 별명이 '도추바'였던 것을 보면 그는 뒤통수가 툭 튀어나온 개구쟁이였던 것 같고, 그 당시 농촌이나 어촌의 아이들이 가지고 있음직하던 집안에 대한 불만도 있었던 것 같다. "부잣집 아이들은 운동화를 신었는데, 자신은 검정고무신 신고 눈 오는 날 언 발로 고개를 넘었다는, 그 것이 꿈 찾아 서울로 줄행랑을 치게 된 원인"이라는 이야기는 심상치 않은 앞날을 예고하는 波瀾萬丈(파란만장)의 예고편이었다.

책가방 팽개치고
서울로 가출
전라도 촌놈이라고

직장을 구하려고 해도
보승 서술 사람이 없어

여인숙에서 호객을 하며 구두닦이를 했다.

뒤늦게
중국집 접시닦이로 취직하여
일 년간 일했건만
품삯은 한 푼도 주지 않고

(중략)

눈물 마시며 자란
전라도 촌놈
전라도를 빛내는 시인이 되었다.

삶의 태반을 타향에서 지냈지만
내 시 속에
황토 향기가 풍기는 건

내 피가
전라도 사랑을 담은
황토빛깔이기 때문이다.

  - 「전라도 촌놈」 부분

이 시집 『전라도 촌놈』의 표제시다. 중학교 2학년이던 한정민 시인은 가난한 집안과 농업에 종사하던 아버지를 도와야 하는 농어촌 생활에 불만이 있었던 것 같다. 더구나 이웃집 여고생을 짝사랑 했지만 그 여고생은 마을에서 가장 부잣집 딸인지라 이루어지기 어려웠던 것 같다.
"소쩍새 울음 울던/ 열다섯 시절/ 이웃집 여고생을 짝

사랑했다.// 좋아한다./ 말 한마디 못하고/ 가슴앓이 하다가// 반백이 넘도록/ 내 마음 거울 속에 그리기만 했던/ 사랑// 칠순에/ 둘 다 홀로 되었어도/ 이룰 수 없어// 나 홀로/ 덩그러니 추억을 지우는/ 연습만 하고 있다."라고 그는 '이루지 못한 사랑'에서 안타까움을 노래하고 있다.

   한정민 시인은 결국 어느 날 새벽 아버지의 소판 돈을 훔쳐 가출을 한다. 진도대교가 놓아지기 전이라 작은 배를 타고 울돌목을 건너면서 아버지가 쫓아올까봐 가슴을 졸였다 한다. 그러나 이 가출은 해피엔딩이 아니었다. 서울역에 내리자마자 깡패들에게 돈을 모두 빼앗기고 결국은 여인숙의 호객꾼이 되어 밤에는 호객을 하고 낮에는 구두닦이를 하였다. 식당 주인이라도 되고 싶어 다시 중국집 접시 닦이로 취직하였지만 주인은 품값을 한 푼도 안 주고 올 데 갈 데 없는 놈 밥 먹여주는 것만도 고맙게 생각하라고 호통을 쳤다. 심술이 난 그는 어느 날 손님 신발 열다섯 켤레를 똥통 속에 집어넣고 도망을 나왔다. 이 가출이 그의 波瀾萬丈의 시작이었다.

   눈물을 마시며 자랐지만 그는 이제 전라도를 빛내는 시인이 되었다. 타향에서 일생의 대부분을 보냈지만 한정민 시인은 '전라도 촌놈'임을 늘 자랑스럽게 생각하고 있다. 그렇기 때문에 그의 시에서는 황토빛 향기가 난다. 이것은 전라도와 진도를 사랑하는 한정민 시인의 마음이 시에 배어있기 때문이다.

   1964년 통킹만 사건을 계기로 월남전이 본격화되면서 미국의 월슨 대통령은 한국 정부에 월남 파병을 요청했다. 1965년 10월 13일 월남에 파병되는 맹호부대의 일원으로 한정민 시인이 참전하게 된 것은 그의 일생에 커다란 전환기가 되었다. 이른 나이에 꿈에 부풀어 가출했지만 이룬 것 없이 타향살이의 신산만 경험하던 한정민 시인에게 월남참전은 일종의 탈출구가 된 것이었다. 소판 돈 훔쳐 나와 성공하지도 못한 죄책감에 전사한다면 전사 보상비라도 아버지께 전해지겠지 하는 막다른 심정으로 월남에 갔지만, 포탄 쏟아지고 총알이 빗발처럼 날아다니는 전장은 너무도 무서운 지옥이었다.

하늘에선
고엽제가 쏟아지고

땅에서는
베트콩의 총신이 겨눠지고

눈을 감으면
내일 뜨는 해를
볼 수 있을지 몰라
잠을 잘 수가 없다.

고국이 천국이라면
여기는 지옥이다.

고국 사람들아
천국은 지킬 수 있을 때
지켜야 한다.

지옥이 되고 나면

후회할 틈도 없다.

　　-「지옥」 전문

　고엽제가 쏟아지고 총알이 날아다니는 지옥 같은 전쟁터, 눈을 감으면 누가 목을 베어갈 지도 모르는 위기의식 속에서 하루하루를 지냈다. 그런 속에서도 천국은 지킬 수 있을 때 지켜야지 지옥이 되고 나면 후회할 틈도 없다는 잠언적 교훈을 독자들에게 던져주고 있다. 한정민 시인의 시에서 이렇게 아포리즘적 요소를 자주 발견하게 되는데, 살짝 내비치는 이런 교훈들이 독자들에게 즐거움을 준다. 소박한 표현 속에 언뜻언뜻 내비치는 날카로움, 이것이 한정민 시가 지닌 매력이다.

　한정민 시인은 이런 지옥 속에서 결국 살아나와 국가유공자가 되었으며, 1967년 전매청(담배인삼공사)에 채용되어 유복하게 지내게 되었으니, 때로는 용기 있는 결단 한 번이 평생을 좌우한다는 옛 성현들의 말씀에 깊은 뜻이 있음을 알겠다.

　한정민 시인의 첫 번째 불행은 아내의 발병이었다. 건강하던 아내가 2002년 갑자기 폐암 진단을 받은 후로 간신히 유지되던 그의 행복은 산산이 부서지고 말았다. 아이들은 아직 어린데 직장은 다녀야 하고, 어려운 환경 속에서도 극진히 간호했지만 아내는 2005년 세상을 떠나고 말았다. 엄마의 사랑을 잃은 어린 3남매를 다독이며 뒷바라지하여 잘 교육시키고, 이젠 모두 각자의 둥지를 마련하여 내어보냈다. 아내를 보낸 지 15년이 되었지만 한정민 시인은 아내에 대한 그리움으로 산다.

노을 속에
당신을 묻고
가슴 시릴 때마다

당신이 해 주던
보리밥 맛 잊을 수 없어
보문산 보리밥집을 찾습니다.

나 홀로 덩그러니
싱싱한 채소와 나물로
쓱쓱 비벼 먹습니다.

후식으로
부침개 한 접시
막걸리 한 사발

"여보 잔 받으시오
내 술 한 잔 받으시오"

당신의
빈자리에
망초 꽃이 피어납니다.

　　　- 「아내의 망초 꽃」 전문

아내를 잃은 슬픔을 叩盆之痛(고분지통)이라 한다. 『장자』〈지락편〉에 나오는 이야기로 아내가 죽은 후 물 단지를 두드

리며 운다는 고사에서 온 말이다. 아내를 떠나보낸 후 그리움을 지울 수 없어 아내와 자주 가던 보리밥집에 간다. 둘이 먹던 보리밥을 혼자 먹으며 부침개 한 접시에 눈물 섞어 막걸리 한 잔을 마신다. 생전에 하던 대로 아내에게 막걸리를 권하니 빈자리에 망초 꽃이 피어난다는 시다. 얼마나 눈물겨운 사랑인가. "여보 잔 받으시오/ 내 술 한 잔 받으시오.// 당신의/빈자리에/망초 꽃이 피어납니다." 思婦曲(사부곡)으로 얼마나 격조 높은 표현인가. 아내는 공기나 물과 같이 늘 우리 주위에서 함께하기에 평소에는 고마움을 모르다가 부재 시에야 그 귀함을 깨닫게 된다는 내용이다.

　아내에 대한 그리움은 또 다른 시 「첫눈」에서 더욱 상승된다. "창 밖에/ 첫눈이 내린다.// 하얀 나비 날아오르다/ 창문에 부딪혀 녹아내린다.// 이승에서 못다 한 사랑/ 눈꽃으로 피어나/ 당신의 눈물 나비가 되었나 보다.// 창문 열고/ 손 내민다.// 바람으로 사르셨나./ 손에 잡히지 않는/ 내 마음 속 하얀 나비"

　한정민 시인의 시에는 '망초 꽃'이나 '나비'와 같은 비유를 자주 볼 수 있는데 참신한 비유가 한정민 시인의 시를 범속을 초월해 絶句(절구)로 이르게 하는 중요한 요소이다.

　한정민 시인의 두 번째 불행은 어머니의 설암 발병이었다. 고향 진도에서 지적 장애자인 동생을 보살피며 살던 어머니를 대전으로 모시고 와 보훈병원에 입원시키고 극진하게 간호했다. 혼자 몸으로 온 정성을 다해 간호한 보람도 없이 어머니는 2013년 이 세상을 떠나고 말았다.

한정민 시인에게는 아내에 대한 그리움 외에 또 하나의 간절한 그리움이 생기고 말았다.

   첫닭 울면
   잠 깨어나 평생 일만 하시다가

   이승 떠나신
   어머님 얼굴

   부엌문 밀치고 나와
   보리방아 찧던
   저 주름살

   울 어머니
   곱던 얼굴에 늘어난
   삶의 훈장

   발길 끊겨
   잡초만 무성한 고향집

   마당 귀퉁이
   주인 잃고 나뒹구는 절구통

      - 「절구통」 전문

  고향집 마당에 뒹굴고 있는 절구통을 보며 이승 떠나신 어머니를 그리워하는 곡진한 思母曲(사모곡)이다. 옛날 어머니들은 새벽에 일어나 밥을 지어 가족들에게 먹이고는 하루 종일 들에 나가 노동을 했다. 저녁에 집에 돌아와 다시 저녁을 지어 먹이고, 빨래나 바느질 등 가사를 돌보느라 허리를 펼 새가 없었다. 절구통 역시 어머니를 괴롭히는 가구에 지나지 않았다. 방앗간에 갈 만큼 넉넉한 집이 아니면 절구통에 곡물을 찧어 밥을 했다. 한정민 시인은 절구통에 보리방아 찧던 어머니 모습을 회상하면서 이제는 마당 귀퉁이에 버려진 절구통을 안타까워하고 있다. 한정민 시인에게는 절구통이 어머니의 이미지와 맞닿아 있는 사물이기 때문이다.

한정민의 시는 이해하기 쉽다. 힘들여 내포된 의미를 파악하려 하지 않아도 맑은 물처럼 그 내용이 환하게 드러난다. 자신의 삶의 체험을 비교적 친근한 비유와 상징으로 엮어가기 때문이다. 참신한 감각적 이미지를 창조하기 위해 원관념과 보조관념의 거리를 너무 멀게 하여 시인 자신조차 무슨 말을 한 지 모르는 난해시를 남발하는 시인들이 많은 요즈음 그렇기에 한정민의 시가 더욱 소중하다.

나는요
종합병원 전문의랍니다.

고혈압 십칠 년
전립선 비대증 십사 년
협심증 팔 년

방광암은
BCG 약물 투입
내시경 검사
치료중

온갖 병과 어울려 살다 보니
어느새 전문의가 되었습니다.

— 「나는 전문의」 전문

『진도 육자배기』에 실린 「나는 전문의」라는 시다. 베트남 전쟁에 참여하여 고엽제를 마셨기 때문일까. 아내와 어머니를 잃은 슬픔에 잠겨있던 한정민 시인에게도 온갖 병마가 찾아든다. 고혈압, 전립선 비대증, 협심증 등으로 고통을 겪고 있는 중에 어느 날 혈뇨가 나오는 것을 발견한다. 병원에서 세포검사를 하니 방광암이라는 진단이 내려진다. 중첩되는 불행에 절망을 느끼지만 수술은 성공적으로 이루어지고 BCG 약물 투입 등의 치료를 받는다. "온갖 병과 어울려 살다 보니 어느새 전문의가 되었습니다."는 시구에서 조지훈의 「병에게」라는 시 구절이 생각난다. "자네는 나의 정다운 벗, 그리고 내가 공경하는 친구/ 자네는 무슨 일을 해도 나는 노하지 않네" 너무 자주 만나다 보니 전문의가 되었고, 친한 친구가 되었다는 표현이 함축하고 있는 의미를 이해할 수 있을 듯싶다.

조남익 선생님은 한정민 시인의 시집 『진도 육자배기』 해설에서 "한정민의 시에는 시의 결구에서 고차원적 언어 표현이 유지된다. 이는 작시 상으로도 시의 駄作(대작)을 막고 성숙된 한 시인의 면모를 살필 수 있게 한다."고 평가한 바가 있다. 한정민 시를 볼 때마다 느끼는 것이지만 따뜻하고 친근감 있는, 소통하기 쉬운 시적 전개에 종련 결구의 함축적이고 의미심장한 표현이 시의 격조를 스스로 높이고 있다.

3. 황혼의 외로움

"인간은 외로운 존재이다 인간만큼 고독한 존재는 없다. 그것이 인간의 기본 명제이다. 인간은 태어 날 때도 혼자 외롭게 태어나지만 죽을 때도 혼자 외롭게 죽어간다. 인간이 외롭다는 사실을 이해하지 못한다면 인간의 삶을 이해 할 수가 없다. 인간에게 있어 외로움은 우리가 매일 먹는 물이나 밥과 같다."고 정호승 시인은 말한 바 있지만 인간은 혼자 태어나 결국에는 혼자만 남는 외로운 존재다. 삶의 격동기를 지나 한정민 시인도 어느덧 일흔일곱의 나이가 되었다. 아내와 사별한 지도 15년이 되었지만 그는 아직도 혼자이다. 아들과 두 딸들도 결혼하여 모두 가정을 꾸렸고, 손톱 밑의 가시처럼 늘 괴롭히던 방광암도 완치판정을 받았다. 황혼이 짙어지면서 그의 삶에 농도를 더해가는 것은 외로움이다.

김밥으로
아침을 열었습니다.

동태찌개
막걸리 한 사발로

점심을 때우고

어스름 저녁
식당 문을 밀치고
공복보다
사람이 그립습니다.

습관처럼 울리지 않는 휴대폰
누구라도 부르고 싶습니다.
아무라도 부르고 싶습니다.

저녁까지
세끼 혼밥이 싫어
더운 밥 마주하고

하루를
포만하게 보내고 싶습니다.

　　　　-「혼밥이 싫어」 전문

　한정민 시인의 대부분의 시처럼 쉽게 감상할 수 있는 시다. 요즈음 선진국에서 문제점으로 대두되는 것이 노인들의 외로움이다. 가족들이 파편화되어 둘이 살다가 하나가 가면 외로움을 씹어가며 남은 생을 보내야하는 것이다. 노인들의 도시락을 전달해 준다거나 고아원을 방문하는 등 봉사활동에 마음을 써 보기도 하고, 독거노인을 초청해 점심을 대접하기도 하지만 존재의 외로움은 사라지질 않는다.
　"주말은/ 애들하고 함께 하고 싶다.// 고희를 넘어/ 혼자 사니/ 사람이 그립다.// 아들딸하고/ 밥이라도 먹고 싶은데/ 전화가 없다// 외로울 때는/ 애들은 내 마음 속/ 보석이다."라고 한정민 시인은 시「보석」에서 손주들에 대한 그리움을 노래했다. 자손들이 관심을 가져준다고 원천적 외로움을 해소하기는 어려울 것이다. 그러나 자주 전화 속에서 손주들의 재롱을 보여주는 것, 반찬이라도 한 가지 가져다가 식사를 챙겨주는 것, 이런 인간 사이의 작은 정성이 모여 노인들의 고독사를 막아줄 수 있지 않을까.

4. 아픔을 治癒(치유)해주는 시

시가 나를 살렸다고 한정민 시인은 자주 말하고 있다. 아내와 어머니가 불행한 일을 당하고 자신마저 방광암으로 극한상황에 처했을 때《문학사랑》신인상으로 등단하고「먼 훗날」,「진도 육자배기」,「한정민 병상일기」 등의 시집을 출간하면서 그 기쁨의 에너지로 건강을 되찾았다는 것이다. 만길 높이로 치솟은 물결처럼 인생의 심한 기복을 시로 승화시켜 노년의 외로움마저 극복하고 평화를 찾았다는 것이다.

시에 꽂히면 인생에 꽃이 핀다. 노년에 극한의 슬픔이 온 몸을 지배할 때, 그 슬픔의 바다에서 도저히 헤어 나올 가능성이 안 보일 때, 그 슬픔을 울부짖듯 시로 토해내고, 그것을 시집으로 묶어낸 후 말끔하게 가라앉는 사람들을 나는 많이 보았다. 시에는 절망을 治癒(치유)해 내는 힘이 있다. 카타르시스를 통해 몸에 담긴 불순물을 모두 걸러내고 시들어가던 몸에 활기를 불어넣어주는 힘이 있다. 한정민 시인은 시가 지닌 힘을 깨달았으니 이제 그의 노래가 수많은 사람들의 심금을 울려 불행을 닦아주는 妙藥(묘약)이 되리라.

좀 늦게 입문했으니 삶의 애환을 신명난 목소리로 풀어낼 때 친근하고 따뜻한 감정과 종연이 갖는 함축적 묘미를 살리고 투박한 표현을 조금 가다듬는다면 행복한 생활 속에 좋은 시인으로 성장할 것이다.

오늘도 한정민 시인은 시를 통해 얻은 생의 기쁨을 상기된 목소리로 노래한다.

어둠의 대궁 위에
아침의 꽃이 피듯

내일은
밝은 햇살로 오겠지.

시여!
불행을 쓸어내는
신의 날개여!

여명을 깨워내는
우렁찬 종소리로

햇살 고운 아침

창문 열어젖히고
두 팔을 힘껏 펼친다.

    - 「내일」 전문

전라도 촌늠
한 정 민 시 집

발 행 일	2020년 05월 10일
지 은 이	한정민
발 행 인	李憲錫
발 행 처	오늘의문학사
출판등록	제55호(1993년 6월 23일)
주　　소	대전광역시 동구 대전로867번길 52(한밭오피스텔 401호)
전화번호	(042)624-2980
팩시밀리	(042)628-2983
전자우편	hs2980@hanmail.net
카　　페	cafe.daum.net/gljang(문학사랑 글짱들)
	cafe.daum.net/art-i-ma(월간 충청예술문화)

공 급 처	한국출판협동조합
주문전화	(02)716-5616
팩시밀리	(02)716-2999

ISBN 979-11-6493-048-7 (03810)
값 10,000원

ⓒ한정민 2020

* 이 책은 ㈜교보문고에서 eBook(전자책)으로 제작하여 판매합니다.
* 잘못 제작된 책은 바꾸어 드립니다.

* 이 책은 대전광역시 와 대전문화재단 에서 사업비 일부를 지원받았습니다.